HECTOR
BERLIOZ

SECULAR CANTATAS
(PART 3)

COMPLETE WORKS

ABTEILUNG III.

4. Lélio ou le Retour à la vie.—Lelio oder die Rückkehr ins Leben.—Lelio, or the Return to life. Op.14bis
5. Le Cinq Mai.—Der 5. Mai.—The 5th of May. Op.6.
6. L'Impériale.—Kaiserhymne.—Imperial Hymn. Op.26.

VOLUME XIII

EDWIN F. KALMUS
PUBLISHER OF MUSIC
NEW YORK, N.Y.

Lelio oder Die Rückkehr ins Leben.

Lyrisches Monodrama.

Deutsche Übersetzung von Peter Cornelius, revidirt von Felix Weingartner.

Lelio ou le Retour à la vie.

Monodrame lyrique.

Paroles de Hector Berlioz.

Lelio, or The Return to Life.

Lyric Monodrama.

English Translation by John Bernhoff.

Seinem Sohne **Louis Berlioz** gewidmet.

H. Berlioz, Op. 14ᵇ.

Personnages réels.

Lelio, compositeur de musique.
Musiciens, Choristes, Amis et Élèves de Lelio.

Personnages fictifs.

Horatio, ami de Lelio.
Un Capitaine de Brigands.
Brigands, Spectres.

Note.

Cet ouvrage doit être entendu immédiatement après la Symphonie Fantastique, dont il est la fin et le complément. L'orchestre, le chœur et les chanteurs invisibles doivent être placés sur le théâtre, derrière la toile. L'acteur parle et agit seul sur l'avant-scène. A la fin du dernier monologue il sort, et le rideau, se levant, laisse à découvert tous les exécutants pour le Final.

En conséquence, un plancher devra être établi au-dessus de l'endroit ordinairement occupé dans les théâtres par l'orchestre.

Le rôle de Lelio exige un Acteur habile, non chanteur. Il faut en outre un Ténor pour la Ballade, un autre Ténor pour le Chant de bonheur, et un Baryton énergique pour le capitaine de brigands.

Wirkliche Personen.

Lelio, Componist.
Musiker, Choristen, Freunde und Schüler von Lelio.

Fingirte Personen.

Horatio, Freund des Lelio.
Ein Räuberhauptmann.
Räuber, Geister.

Anmerkung.

Dieses Werk muss unmittelbar nach der phantastischen Symphonie aufgeführt werden, deren Anhang und Schluss es bildet. Das Orchester, der Chor und die unsichtbaren Sänger müssen sich auf der Bühne hinter dem Vorhang befinden, während der Schauspieler allein im Proscenium handelt und spricht. Bei seinem Abgang am Schluss des letzten Monologs erhebt sich der Vorhang und macht sämtliche Mitwirkende des Finale sichtbar.

Demnach muss der vom Theaterorchester gewöhnlich eingenommene Raum mit einem Bretterboden bedeckt werden.

Zur Rolle des Lelio bedarf es eines ausgezeichneten Darstellers, ausserdem eines Tenors für die Ballade, eines anderen Tenors für die Hymne des Glückes und eines kräftigen Bariton für den Räuberhauptmann.

Real Persons.

Lelio, Composer.
Musicians, Choristers, Friends and Pupils of Lelio.

Fictitious Persons.

Horatio, Friend to Lelio.
A Brigand-chief.
Brigands, Ghosts.

Remark.

This work should be performed immediately after the Fantastic Symphony, which indeed it supplements and concludes. The invisible orchestra, chorus and singers are to be placed on the stage, behind the curtain. The actor alone speaks and acts upon the stage in front of the scenes. Upon his exit, at the conclusion of the last monologue, the curtain rises and reveals all those taking part in the finale.

Consequently, the space usually occupied by the orchestra must be covered over with a flooring.

The part of Lelio requires a first-rate dramatic *actor*, not a singer. One tenor is needed for the ballad, another tenor to sing the song of bliss, and a powerful baritone for the part of the brigand-chief.

2

Lelio, *encore faible et chancelant.*	*Lelio, noch schwach und wankend,*	Lelio, still feeble and staggering,
(Il entre par l'un des côtés de l'avant-scène.)	*(tritt von einer der Seiten des Vorder-grundes ein).*	(enters by one of the side scenes of the foreground).

French column:

Dieu! je vis encore..... Il est donc vrai, la vie comme un serpent s'est glissée dans mon cœur pour le déchirer de nouveau..... Mais si ce perfide poison a trompé mon désespoir, comment ai-je pu résister à un pareil songe?.... Comment n'ai-je pas été brisé par les étreintes horribles de la main de fer qui m'avait saisi?.... Ce supplice, ces juges, ces bourreaux, ces soldats, les clameurs de cette populace, ces pas graves et cadencés tombant sur mon cœur comme des marteaux de Cyclopes..... Et l'inexorable mélodie retentissant à mon oreille jusque dans ce léthargique sommeil, pour me rappeler son image effacée et raviver la souffrance endormie.....

La voir, l'entendre, elle!! elle!.... ses traits nobles et gracieux défigurés par une ironie affreuse, sa douce voix changée en hurlement de Bacchante, puis ces cloches, ce chant de mort religieux et impie, funèbre et burlesque, emprunté à l'Eglise par l'Enfer pour une insultante parodie!.... Et, encore elle, toujours elle, avec son inexplicable sourire, conduisant la ronde infernale autour de mon tombeau!....

Quelle nuit! au milieu de ces tortures j'ai dû pousser des cris, Horatio m'aurait-il entendu?.... Non, voilà encore la lettre que je lui avais laissée; s'il fût entré, il l'eût prise.... pauvre Horatio! Je crois l'entendre encore si calme et si tranquille, hier à son piano, pendant que je lui écrivais cet adieu suprême..... Il ignorait les déchirements de mon cœur et ma funeste résolution; et de sa voix la plus douce, poète insoucieux des passions cruelles, il chantait sa ballade favorite.

German column:

Gott! Ich lebe noch!.... So ist es denn wahr! So hat sich gleich einer Schlange das Leben wieder in mein Herz geschlichen, um es auf's Neue zu zerreissen..... Wenn aber das treulose Gift meine Verzweiflung täuschte, wie konnte ich jenen Traum überleben; wo nahm ich Kraft her, um nicht zu erliegen dem entsetzlichen Druck der eisernen Hand, die mich packte? – Das Schafott – Richter, Henker, Soldaten – das Geschrei des Pöbels – und die schweren, gemessenen Tritte, die gleich Cyclopenschlägen mein Herz trafen! – und die unerbittliche Melodie, welche selbst in der Lethargie des Schlafes mich verfolgte, um jenes fast vergessene Bild wieder aufzufrischen, und alle Leiden meiner Seele wachzurufen aus ihrem Schlummer.....

Sie sehen und hören – – sie! – sie! ihre edlen und zarten Züge von scheusslicher Ironie verzerrt – den melodischen Klang ihrer Stimme in bacchantisches Geheul verwandelt; – dann die Sterbeglocken – der Grabesgesang, der halb teuflisch, kirchlich und burlesk von der Hölle dem Gottesdienst entlehnt schien, um zu einer lästerlichen Parodie missbraucht zu werden! Und wieder sie und immer sie – mit ihrem räthselhaften Lächeln – vortanzend dem höllischen Reigen um meinen Grabhügel!

Welche Nacht! Ich muss laut gestöhnt haben unter den Qualen, die ich erduldete. Ob Horatio mich gehört hat? – Nein – ist doch hier noch der Brief, den ich ihm zum letzten Abschied hinterliess; wäre er hier gewesen, er hätte ihn zu sich genommen..... Armer Horatio! Noch glaube ich ihn ruhig und himmlisch heiter an seinem Flügel zu hören – gestern, während dieser Scheideruf meiner Feder entströmte! – O, er kannte die Verwüstung meines Herzens nicht, nicht meinen unheilvollen Entschluss. Mit der süssesten Stimme sang er, der von grausamen Leidenschaften unberührte Dichter, seine Lieblingsballade.

English column:

Heavens! I am still alive!.... Then it is true, after all! Life, like a serpent, has crept into my heart again, to rend it anew..... But, even though that treacherous poison deceived my despair, how could I survive that dream;.... whence took I the strength to withstand the crushing power of that iron hand which seized me?.... The scaffold, the judges, – hangmen, soldiers, – the screaming mob, and the ponderous, measured tread of those merciless feet beating upon my heart like the sledge-hammer of the Cyclops..... And then, that inexorable melody, which haunted me even through the lethargy of my sleep, recalling that image which time had almost effaced from my memory, to revive my slumbering sorrow and suffering.....

To see her, – hear her, – cruel, – cruel! her soft, fair features distorted by atrocious irony; the melody of her sweet voice changed to that of a howling Bacchanalian; then the awful sound of those bells ringing a death-knell; – that death-chant, diabolically impious yet savouring of church and religion, borrowed, as it were, by the powers of Hell, from above to be made a blasphemous parody of!.... And yet it was she,.... she herself, yet not herself, wearing that impenetrable smile, and leading on the infernal dance around my grave.

What a night of horror!.... Oh, how I must have writhed and groaned under the torments I endured. – Did Horatio hear me? – I wonder. – No, no, – for here is the letter I wrote and left for him, – my last farewell;.... had he been here, he would have taken it and kept it.... poor Horatio! I imagine I still hear him playing most divinely, seated calmly at his piano, but yesterday, while I sat here writing him this last farewell..... He knew nothing of the suffering and torments that racked and rent my heart,.... naught of my awful resolve; with that beautiful, sweet voice of his, he, the poet as yet untouched by cruel passions, was singing his favourite ballad:

I.

Le Pêcheur.
Ballade de Goethe.
Traduite par A. Duboys.

Der Fischer.
Ballade von Goethe.

The Fisherman.
Ballad by Goethe.
Translated by John Bernhoff.

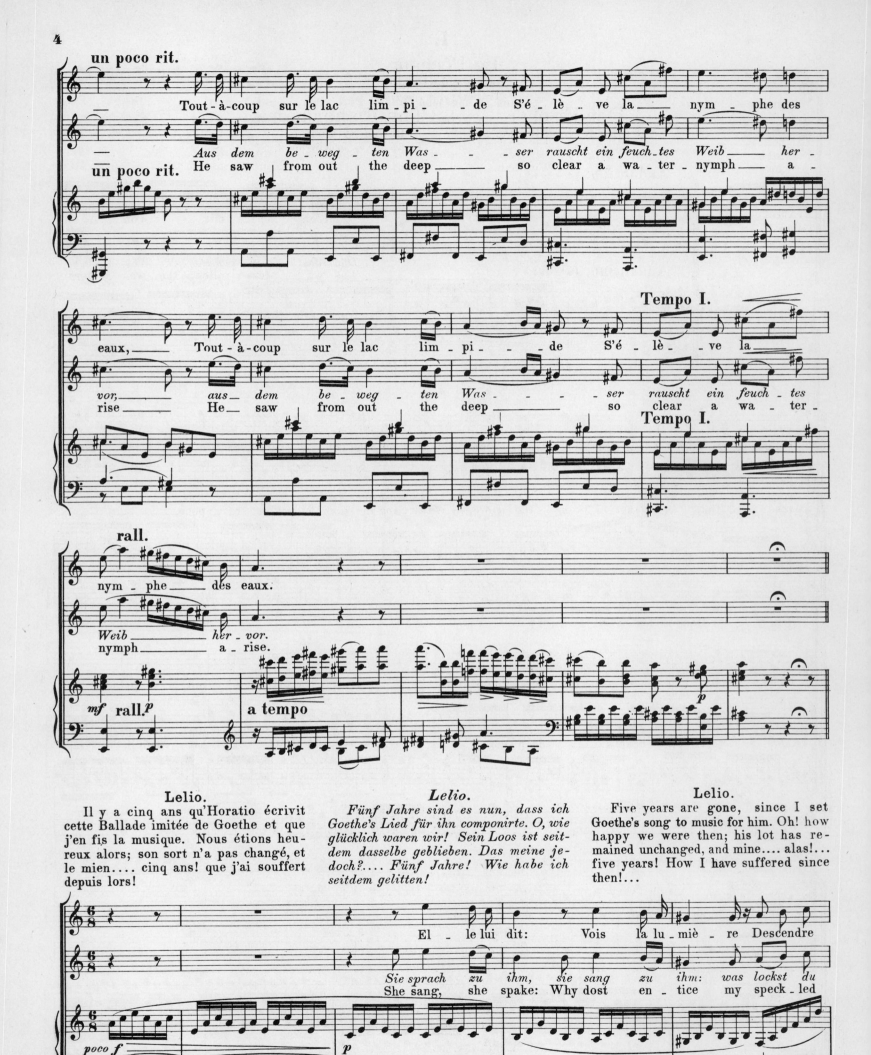

Lelio.

Il y a cinq ans qu'Horatio écrivit cette Ballade imitée de Goethe et que j'en fis la musique. Nous étions heureux alors; son sort n'a pas changé, et le mien.... cinq ans! que j'ai souffert depuis lors!

Lelio.

Fünf Jahre sind es nun, dass ich Goethe's Lied für ihn componirte. O, wie glücklich waren wir! Sein Loos ist seitdem dasselbe geblieben. Das meine jedoch?.... Fünf Jahre! Wie habe ich seitdem gelitten!

Lelio.

Five years are gone, since I set Goethe's song to music for him. Oh! how happy we were then; his lot has remained unchanged, and mine.... alas!... five years! How I have suffered since then!...

Lelio.

Étrange persistance d'un souvenir! Hélas! ces vers qui contiennent une allusion évidente à mon fatal égarement, cette musique, cette voix qui retentissent obstinément en moi, ne semblent-ils pas me dire que je dois vivre encore pour mon art et pour l'amitié?

Vivre!.... mais vivre, pour moi, c'est souffrir! et la mort, c'est le repos. Les doutes d'Hamlet ont été déjà une première fois sans force contre mon désespoir; seraient-ils plus puissants contre la lassitude et le dégoût? Je ne cherche pas à approfondir *quels seront nos songes quand nous aurons été soustraits au tumulte de cette vie*, ni à connaître la carte *de cette contrée inconnue d'où nul voyageur ne revient*..... Hamlet!.... profonde et désolante conception!.... que de mal tu m'as fait! Oh! il n'est que trop vrai, Shakespeare a opéré en moi une révolution qui a bouleversé tout mon être. Moore, avec ses douloureuses mélodies, est venu achever l'ouvrage de l'auteur d'Hamlet. Ainsi la brise, soupirant sur les ruines d'un temple renversé par une secousse volcanique, les couvre peu à peu de sable et en efface enfin jusqu'au dernier débris. Et pourtant j'y reviens sans cesse, je me suis laissé fasciner par le terrible génie..... Qu'il est beau, vrai et pénétrant, ce discours du Spectre royal, dévoilant au jeune Hamlet le crime qui l'a privé de son père! Il m'a toujours semblé que ce morceau pouvait être le sujet d'une composition pleine d'un grand et sombre caractère. Son souvenir m'émeut en ce moment plus que jamais..... Mon instinct musical se réveille..... Oui, je l'entends.....

Quelle est donc cette faculté singulière qui substitue ainsi l'imagination à la réalité?.... Quel est cet orchestre idéal qui chante en dedans de moi?....

(Il médite) Une instrumentation sourde.... une harmonie large et sinistre.... une lugubre mélodie.... un chœur en unissons et octaves.... semblable à une grande voix exhalant une plainte menaçante pendant la mystérieuse solennité de la nuit.....

(Il semble écouter pendant les premières mesures du morceau suivant. Puis il prend sur une table un volume, l'ouvre et va s'étendre sur un lit de repos, où il reste pendant tout le chœur d'ombres, tantôt lisant, tantôt méditant.)

Lelio.

Seltsame Beharrlichkeit eines Angedenkens! Scheinen nicht diese Strophen, deren Inhalt eine augenscheinliche Aehnlichkeit mit meinem eigenen Schicksal hat, scheinen nicht diese Töne, diese Stimme mir zuzurufen: Lebe! Lebe der Kunst, der Freundschaft!

Leben! – – – für mich heisst Leben: Leiden! und der Tod: Ruhe. Haben Hamlets Bedenken sich schon einmal machtlos erwiesen gegen meine Verzweiflung – wie sollen sie der Erschlaffung, dem Ekel am Leben Stand halten? – Ich suche nicht herauszuklügeln „was in dem Schlaf für Träume kommen mögen, wenn wir den Drang des Ird'schen abgeschüttelt", noch die Karte zu erforschen des Landes „von dem kein Wandrer wiederkehrt".– Hamlet! Tiefes, verzweiflungsvolles Gedicht! Welche Schmerzen hast du mir verursacht! – O es ist nur zu wahr – Shakespeare hat meines Daseins innersten Nerv ergriffen und zerspalten. Moore mit seinen schmerzensreichen Melodieen hat dein Werk vollendet, o Dichter des Hamlet. So haucht der Wind über die Trümmer eines Tempels, den ein Erdbeben vernichtete, bedeckt ihn mit Sand und weht endlich die letzten Reste hinweg. Und doch zieht er mich stets auf's Neue an, der furchtbare Genius..... O wie schön und ergreifend ist es, wenn der königliche Geist dem jungen Hamlet das Verbrechen enthüllt, welches ihm den Vater raubte. Mir schien es immer, als enthielt diese Scene den Stoff zu einer Composition von erhaben düsterem Character. Mehr als jemals ergreift mich die Erinnerung jener Scene – der musikalische Schaffenstrieb erwacht in mir.... ja, ich fühle es!

Welch' eigenthümliche Fähigkeit ist es doch, welche so die Wirklichkeit durch die Einbildung ersetzt? Welch' ideales Orchester, das in meinem Innern spielt?

(Nachdenkend) Eine dumpfe Instrumentation, trübe, breite Harmonien, – eine klagende Melodie, – ein Chor in Unisono und Octave, der die geheimnissvolle Feierlichkeit der Nacht wie mit der drohenden Klage einer einzigen, mächtig anschwellenden Stimme durchdringt! –

(Er scheint die ersten Takte des folgenden Stückes zu hören; dann nimmt er von einem Tische ein Buch, öffnet es und streckt sich auf ein Ruhebett, wo er während dem Geisterchor, bald lesend, bald nachsinnend, bleibt.)

Lelio.

Strange, how those recollections haunt me! Alas! And those verses which contain so striking an allusion to my own sad past, so closely resembling it,.... that music, that voice which continually re-echoes in my heart, do they not all seem to say to me: "Live on, live on for thine art, for friendship's sake!"

Live on!.... to live means, for me, to suffer!.... Death means repose. How shall the doubts that arose in the mind of a Hamlet, and which of late proved powerless against my despair, hold out against the lassitude and loathesomeness of life? – I seek not to know *"what dreams may come in that sleep of death when we have shuffled off this mortal coil"*, nor would I puzzle over the map of *"the undiscovered country from whose bourn no traveller returns"*..... Hamlet!.... Poem profound and dread! What agony hast thou caused me! Oh, it is but too true, – Shakespeare has wrought a change in me, has revolutionized my inmost being to its deepest depths. Moore, with his dolorous melodies has completed thy work, thou creator of Hamlet. Like the wind, which, sighing o'er the ruins of a temple wrecked by volcanic eruption, covers them with sand, thus gradually effacing every trace of their remains. And yet I ever return to that work, fascinated, spell-bound by that mighty genius. How grand, how glorious the scene in which that Royal ghost reveals to youthful Hamlet the terrible crime which robbed the son of his father. It has always seemed to me that this scene should form the subject of a musical composition of a grand sombre character. And now the majestic power of that scene comes o'er me once more, filling me with emotion stronger than ever before. The genius of music is awakened in me anew.... yet I feel it..... I must be up and doing..... I hear music around me.....

What can that singular faculty be which thus substitutes reality through the imagination? –.... What ideal orchestra is that playing within me?....

(Meditating) A sombre instrumentation.... broad, sinistre harmonies.... a plaintive melody.... a chorus in unisons and octaves.... like one great voice uttering a threatening lament through the solemn, mysterious stillness of night.

(He appears to be listening to the opening bars of the following piece. Then he takes a book off the table, opens it, and lies down on a couch, where he remains during the whole chorus of the 'Shades', reading, and at times meditating.)

II.
Chœur d'ombres.
Geister-Chor.   Chorus of the Shades.

L'orchestre doit commencer au moment où Lelio prononce ces mots: «Oui, je l'entends!»
Das Orchester beginnt bei den Worten Lelio: „Ja, ich fühle es!"
The orchestra begins at Lelio's words: "Yes, I feel it!"

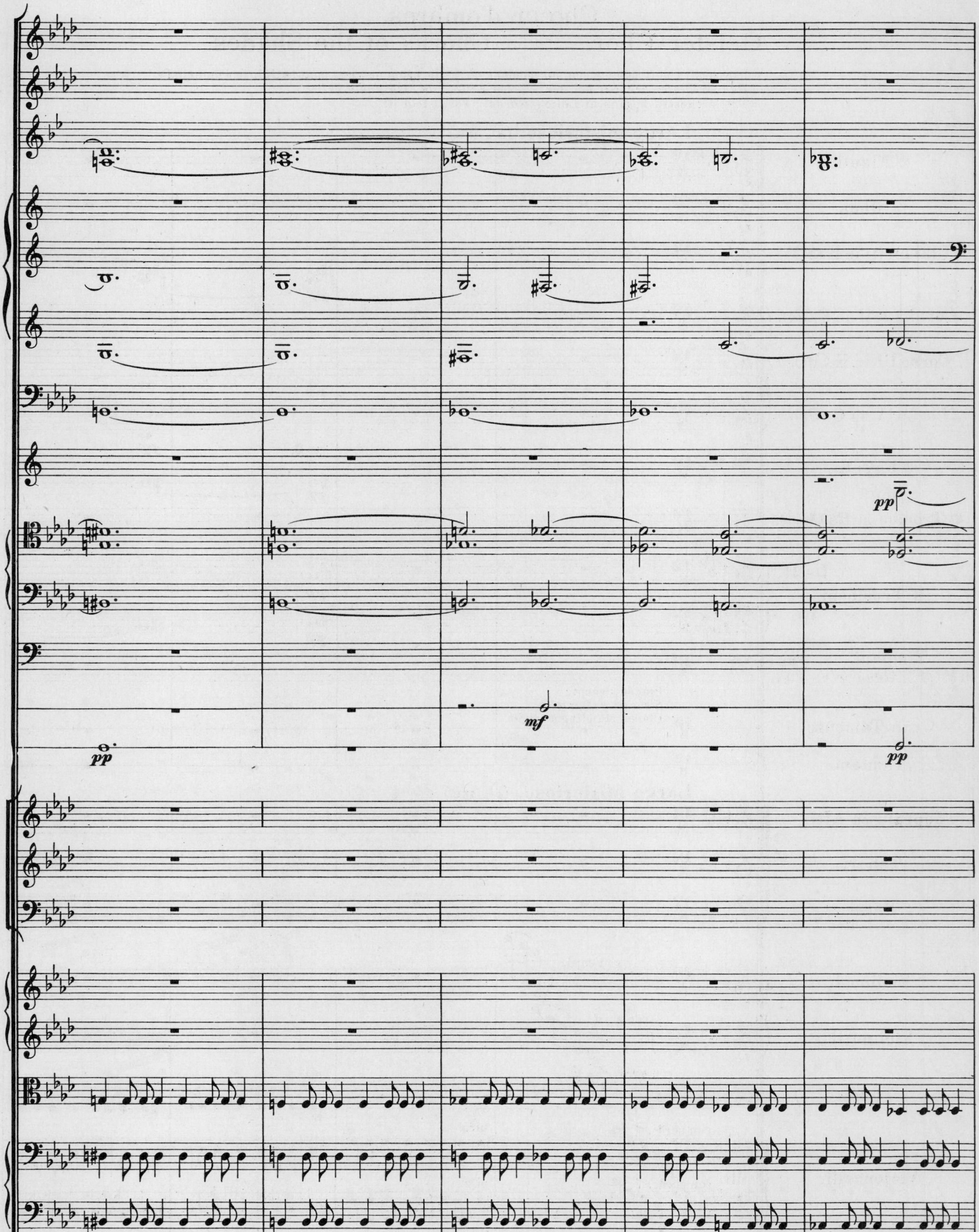
pp
pp
mf
pp

tom — — be,   Bruit é — ter-nel   des pas___   du temps,
Ster — — ne,   wan — deln — de Zeit   auf ew'___ ger Bahn,
end — — ing;   Ru — mour e — ter — nal   of time roll — ing on;

13

donc,____ quand donc fi_ni_rez-vous,_ Quand donc, quand donc fi_ni_rez-vous?

an,_____ wann en__det__ dein Reich? Sagt an, wann en__det____ dein Reich?

will_____ thy power ne'er be o'er_come,_ Oh will thy power ne'er be o'er_come.

Lelio. (Assis sur un lit de repos, tenant un livre à la main.)

O Shakespeare! Shakespeare! toi dont les premières années passèrent inaperçues, dont l'histoire est presque aussi incertaine que celle d'Ossian et d'Homère, quelles traces éblouissantes a laissées ton génie! Et pourtant que tu es peu compris! De grands peuples t'adorent, il est vrai; mais tant d'autres te blasphèment! Sans te connaître, sur la foi d'écrivains sans âme, qui ont pillé tes trésors en te dénigrant, on osait naguère encore dans la moitié de l'Europe t'accuser de barbarie!.... Mais les plus cruels ennemis du génie ne sont pas ceux auxquels la nature a refusé le sentiment du vrai et du beau. Pour ceux-là même, avec le temps, la lumière se fait quelquefois. Non, ce sont ces tristes habitants du temple de la routine, prêtres fanatiques, qui sacrifieraient à leur stupide déesse les plus sublimes idées neuves, s'il leur était donné d'en avoir jamais; ces jeunes théoriciens de quatre-vingts ans, vivant au milieu d'un océan de préjugés et persuadés que le monde finit avec les rivages de leur île; ces vieux libertins de tout âge qui ordonnent à la musique de les caresser, de les divertir, n'admettent point que la chaste muse puisse avoir une plus noble mission; et surtout ces profanateurs qui osent porter la main sur les ouvrages originaux, leur font subir d'horribles mutilations qu'ils appellent *corrections et perfectionnements,* pour lesquels, disent-ils, il faut *beaucoup de goût.* Malédiction sur eux! ils font à l'art un ridicule outrage! Tels sont ces vulgaires oiseaux qui peuplent nos jardins publics, se perchent avec arrogance sur les plus belles statues, et, quand ils ont sali le front de Jupiter, le bras d'Hercule ou le sein de Vénus, se pavanent fiers et satisfaits comme s'ils venaient de pondre un œuf d'or. (Il se lève, et frappe la table avec son livre en l'y déposant.) Oh! une pareille société, pour un artiste, est pire que l'enfer! (Avec une exaltation sombre et toujours croissante.) J'ai envie d'aller dans le Royaume de Naples ou dans la Calabre demander du service à quelque chef de bravi, dussé-je n'être que simple brigand.. J'y ai souvent songé.... Oui! de poétiques superstitions, une madone protectrice, de riches dépouilles amoncelées dans les cavernes, des femmes échevelées, palpitantes d'effroi, un concert de cris d'horreur accompagné d'un orchestre de carabines, sabres et poignards, du sang et du lacryma-christi, un lit de lave bercé par les tremblements de terre, allons donc, voilà la vie!....

(Il sort un instant et revient, tenant à la main un chapeau de brigand romain, avec la cartouchière, la carabine, le sabre et les pistolets. Pendant l'exécution de la Chanson de Brigands sa pantomime exprime la part qu'il prend en imagination à la scène qu'il croit entendre.)

Lelio. (Auf dem Ruhebette sitzend, ein Buch in der Hand.)

O Shakespeare! Shakespeare! Du, dessen erstes Wirken kaum beachtet ward, dessen Leben fast so unbekannt und sagenhaft geblieben, wie das des Ossian, des Homer, – welch' blendende Spuren hinterliess dein Geist! Und doch – wie selten wirst du verstanden! Grosse Nationen verehren dich – es ist wahr – aber andere schmähen deine Werke, ohne sie zu kennen, und indem man einigen seelenlosen Schriftstellern nachbetete, die dich in den Staub zogen, um dich zu plündern, wagte man noch vor Kurzem in halb Europa, dich einen Barbaren zu nennen!.... Und doch sind nicht Diejenigen die grimmigsten Feinde des Genius, denen die Natur Sinn für das Schöne und Wahre versagte, denn selbst in ihnen tagt wohl früher oder später einmal das Licht – nein, es sind die traurigen Bewohner des Tempels des Schlendrians, fanatische Priester, welche ihrer läppischen Gottheit die erhabensten neuen Ideen opfern würden, wenn ihnen überhaupt dergleichen zu finden gegeben wäre. Diese jungen achtzigjährigen Theoretiker, welche in der Mitte eines Meeres von Vorurtheilen leben, und die glauben, dass die Welt an den Ufern der Inseln, die sie bewohnen, zu Ende gehe; diese alten Wüstlinge jedes Alters, die der Musik gebieten, ihnen zu schmeicheln, sie zu zerstreuen, und die nicht zugeben, dass die keusche Muse eine edlere Mission haben könne; und vor allen die, welche entweihend die Hand an Meisterwerke zu legen wagen, und dann ihre schändlichen Verstümmelungen Verbesserungen nennen, Vervollkommnungen, zu welchen, wie sie sagen, viel Geschmack nöthig ist. Fluch über sie! Sie machen ein erbärmliches Possenspiel aus der Kunst. Sie sind wie die kreischenden Spatzen in unseren Gärten und Höfen, die sich mit angeborner Frechheit auf die schönsten Statuen setzen, und, wenn sie die Stirn eines Jupiters, den Arm eines Hercules, den Busen einer Venus beschmutzt haben, stolz ihre Federn aufblähen und triumphirend umherschauen, als hätten sie ein goldenes Ei gelegt. (Er springt auf und klappt ungestüm das Buch auf den Tisch.) Fort, fort, Künstler, aus einer Gesellschaft, die schlimmer ist, als die Hölle (in düsterer und immer wachsender Exaltation) fort – nach Neapel – in die Abbruzzen zu irgend einem Banditen-Hauptmann – und sollte ich als gemeiner Bravo eintreten. – Ich habe mich oft dorthin geträumt. — Ja! Poetische Träumereien – – eine Madonna zur Schutzpatronin, reiche Beute in Höhlen angehäuft – Frauen mit aufgelöstem Haar, zitternd vor Schrecken – ein Chor von Angstrufen, ein Orchester von Carabinern, Säbeln und Dolchen – Blut und Lacrymä Christi, auf einem Lavabette von Erdbeben gewiegt – Fort, fort! – Das ist Leben! – – –

(*Von einem nahestehenden Tische rafft er Pistolengurt, Carabiner und Säbel zusammen und scheint sich zur Ausführung seines Vorhabens rüsten zu wollen. Während dem Räuberlied verräth sein mimisches Spiel den Antheil seiner Einbildung an der Scene, welche er zu hören glaubt.*)

Lelio. (Seated on the couch, with a book in his hand.)

Oh Shakespeare! Shakespeare! thou whose first years of work were scarce noticed at the time; whose history is well nigh as unknown, as mysterious as that of Ossian, – of Homer. What golden footsteps hath thy genius left behind! And yet how rarely art thou understood! – Great nations worship and adore thee, – it is true! very true! Yet others discard, blaspheme thy works. Without knowing thee, half Europe, – not long ago, echoing the sentiments of a few soulless writers, who, while they pillaged thy works, sought to tread thee into the dust, – dared to call thee a barbarian!.... And yet not those, to whom Nature hath denied the sense or love of the beautiful and of truth, are the most cruel enemies of genius, for even they awaken some day and become enlightened. Nay, it is the inhabitants of the temple of joggtrotting, easy-going Tradition, fanatic priests, who would sacrifice to their idiotic divinity all the most sublime ideas of our time, if they had ever been endowed with any. Those young theorists of eighty, who wallow in a sea of prejudice, and believe that the world ceases with the shores of their islands; those old libertins of all ages, who expect music to charm, flatter, divert and carress them; denying the chaste muse all possibility of aspiring to a higher, a nobler mission. But still worse are those who dare to lay their desecrating hands of corruption upon our master-pieces, and to call their horrible mutilations by the name of improvements, for which, as they say, good taste is required..... Curse upon them! – They degrade Art to a miserable farce; they commit an outrage upon her. They are like chirping sparrows, vulgar birds, in our gardens and backyards, who with their accustomed arrogance, perch themselves upon the most divine statues, and after having dirtied the forehead of a Jupiter, the arm of a Hercules, the breast of a Juno, – blow themselves out with conceit, and look around them with a triumphant and satisfied air, as though they had laid a golden egg. (Lelio jumps up and dashes the book upon the table.) Away, away, hence, oh artist; get thee away from a society worse than hell itself, (in sombre and ever increasing exaltation) away to the mountains of Italy, to some banditti-chief, even though thou do humblest service there. – I dreamt I was there..... Ah, yes! Poetic dreams and superstitions, a Madonna my favourite Saint, and patroness, rich spoil, – heaped up in caves, – women with dishevelled hair, trembling with fear, cries of cries of horror, an orchestra of carbines, swords, sabres and daggers, blood and lacryma-christi; resting on a bed of lava, rocked to sleep by an earth-quake.. Yes, yes, that's a life worth living. Hence then, away!

(From a table close at hand he snatches up a brace of pistols, a belt, a carbine and a sabre, and appears to be preparing to carry out his intention. While the banditti-song is being sung, his gesticulations betray the part which he imagines he is playing in the scene he pictures to himself.)

III.
Chanson de Brigands.
Räuberlied.   Brigands' Song.

senza accelerando

senza accelerando

J'au_rais cent ans à vivre en _ co_re, Cent ans et plus, riche et con _ tent,_____
Und lebt' ich hun_dert Jahr' auf Er_den, und wär ich reich, in Glückes Schooss,_____
Were hund_red years of life be _ fore me, With sweet Dame For _ tune for my wife,_____

La la le ra   la la la le ra
La lal_le ra   la la lal_le ra
La lal_le ra   la la lal_le ra

senza accelerando

J'ai _ me_rais mieux ê _ tre bri_gand Que pape ou roi que l'on a_do _ re.
ich wähl_te eh'r des Räu_bers Loos, als Papst o_der Kai_ser zu wer _ den.
I'd rath_er choose a brig_and's life, Than be the pope, and all a_dore me.

la.
la.
la.

Franchis _ sons rochers et tor _ rents! _____
Hal_lo _ ho! zumWal_de hin _ ein! _____
Then a _ way to the green woods, all! _____

Ce jour est un jour de lar _
Heut soll der Wein im Gla _ se
We'll drink to _ day 'neath love's car _

Franchis _ sons rochers et tor _ rents!
Hal_lo _ ho! zumWal_de hin _ ein!
Then a _ way to the green woods, all!

ges_ses. Nous al_lons boire à nos maî_tres_ses Dans le crâ_ne de leurs a_mants.____
blin_ken, dein Wohl, o Schön_ste, will ich trin_ken aus dem Schä_del des Lieb_sten dein.____
ress_es, When each a maid to his bos_om press_es, Her lov_er's skull our drink_ing_bowl:____

Al_lons, ces bel_les é_plo_ré_es Demandent des con_so_la_
Die Dir_nen wei_nen zum Er_barmen; er_se_tzet schnell ih_ren Ver_
And when their burn_ing tears are flowing, We comfort them, console their

teurs; _____ En pleurs d'a_mour changeons ces pleurs, Formons de jo_yeux hy_mé_né_
lust. _____ Des Kum_mers Thrä_ne fliesse der Lust, wenn wir die Ver_lass_nen um_ar_
woe, _____ And change their tears of grief that flow, In_to smiles of joy with love glow_

al _ ler à con _ fes _ se A _ vant de boire à sa maî _ tres _ se _____ Dans le crâ _ ne de
auf das Knie wir sin _ ken, eh' Schönste wir dein Wohl _ sein trin _ ken _____ aus dem Schädel des
heart with sin o'er _ lad _ en, E'en e'er we pledge thy health, fair maid _ en, _____ Thy lov _ er's skull our

Zo _ ra ne vou _ lait pas sur _ vi _ vre A son
Nicht wollte Zo _ ra länger le _ ben, als ihr
Fair Zo _ ra asked to die, de _ spair _ ing; When her

son a _ mant.___
Lieb _ sten fein.___
drinking _ bowl!___

poco più lento

brave et beau dé_fen_seur.
Schützer fiel und er_blich.
lov_er fell 'neath this sword:

«Le Prince est mort, per_cez mon cœur! Au tombeau lais_sez-moi le sui _
„Der Prinz ist todt, durchbohrt auch mich, dem Theuren mich wie_der zu ge _
"The prince is dead! My life is marred. Kill me!" she cried, her bosom bar _

Eclats de rire.
Lachen.
Loud laughing.

Ah! ah! ah! ah! ah! ah!
Ha ha ha ha ha ha!
Ha ha ha ha ha ha!

poco più lento

Tempo I.

vre!»
ben".
ing".

Nous l'empor_tons   au roc ar _ dent._____
Ich füh_re sie   zur Höh_le   ein._____
In _ to this cave   the maid I   led,_____

Au roc ar _
Zur Höh _le
In _ to the

Tempo I.

Tempo I.

Le len-demain, fol - le d'i-vres-se, Elle a-vait no-yé sa tris-tes-se Dans le
Und eh die Son-ne noch ge-sun-ken, hat sie Ver - ges-sen-heit ge - trun-ken aus dem
And long be-fore the sun was sunk-en For-get-ful - ness her soul had drunk-en From the

dent!
ein!
cave.

crâ_ne de son a_mant.
Schädel des Liebsten fein.
skull of her lov_er dead.

Fi_dè_les et ten_dres co_
*Ihr treu_en, zar_ten Tau_ben_*
Ye weep_ing hearts so true and

Fi_dè_les et ten_dres co_
*Ihr treu_en, zar_ten Tau_ben_*
Ye weep_ing hearts so true and

lombes, Vos che _ va _ liers sont morts. Eh bien! _____ Mou _ rir pour vous fut leur des _ tin. D'un
her _ zen, sind eu _ re Rit _ ter todt, – wohl _ an! _____ Sie ha _ ben Rit _ ter _ pflicht ge _ than. Ihr
ten _ der, Your loves are dead and gone, 'tis true! _____ It was their lot to die for you. For _

lombes, Vos che _ va _ liers sont morts. Eh bien! _____ Mou _ rir pour vous fut leur des _ tin. D'un
her _ zen, sind eu _ re Rit _ ter todt, – wohl _ an! _____ Sie ha _ ben Rit _ ter _ pflicht ge _ than. Ihr
ten _ der, Your loves are dead and gone, 'tis true! _____ It was their lot to die for you. For _

pied lé_ger fou_lez leurs tom _ bes!
a _ ber entschlagt euch der Schmer _ zen,
get! your love to us sur_rend _ er!

Pour vous plus de tris_tes mo _ ments!
lasst Wei_nen und Klagen nun sein!
Come, dry your tears o_bey love's call!

pied lé_ger fou_lez leurs tom _ bes!
a _ ber entschlagt euch der Schmer _ zen,
get! your love to us sur_rend _ er!

Pour vous plus de tris_tes mo _ ments!
lasst Wei_nen und Klagen nun sein!
Come, dry your tears o_bey love's call!

Gloire au ha _ sard qui nous ras _ sem _ ble! Oui, oui, nous al _ lons boire en _ sem _
Trinkt Feu _ er _ wein mit uns zu _ sam _ men und schlür _ fet neu _ er Lie _ be Flam _
Drink fier _ y wine to love's hot kiss _ es, Till hearts shall glow 'neath love's car _ ress _

Gloire au ha _ sard qui nous ras _ sem _ ble! Oui, oui, nous al _ lons boire en _ sem _
Trinkt Feu _ er _ wein mit uns zu _ sam _ men und schlür _ fet neu _ er Lie _ be Flam _
Drink fier _ y wine to love's hot kiss _ es, Till hearts shall glow 'neath love's car _ ress _

ble Dans le crâ_ne de vos a_mants. Tra la la la la la la

men *aus dem Schä_del des Lieb_sten ein.* *Tra la la la la la la*

es, Your lov_er's skull your drinking-bowl. Tra la la la la la la

la   la   la   tra   la   la   la   la   la   la   la   la   la   la   la   la   la   le   ra   la   tra
la   la   la   tra   la   la   la   la   la   la   la   la   la   la   la   la   la   le   ra   la   tra
la   la   la   tra   la   la   la   la   la   la   la   la   la   la   la   la   la   le   ra   la   tra

la   la   la   tra   la   la   la   la   la   la   la   la   la   la   la   la   le   ra   la   tra
la   la   la   tra   la   la   la   la   la   la   la   la   la   la   la   la   le   ra   la   tra
la   la   la   tra   la   la   la   la   la   la   la   la   la   la   la   la   le   ra   la   tra

la la la la_____ la la la la la tra la la la la la la la la
la la la la_____ la la la la la tra la la la la la la la la
la la la la_____ la la la la la tra la la la la la la la la

la la la la_____ la la la la la tra la la la la la la la la
la la la la_____ la la la la la tra la la la la la la la la
la la la la_____ la la la la la tra la la la la la la la la

muta in F (Fa)

a 2.

Le vieil er _
Zum E _ re _
The a _ ged

- - - gne!
- - - der!
- - - ain.

Le vieil er _
Zum E _ re _
The a _ ged

- - gne!
- - - der!
- - - ain.

mi _ te nous at _ tend.
mit am Klo _ ster dort
herm _ it waits to _ day,

Au couvent!
ei _ let fort!
We'll not stay!

Ca _ pi
Führ' uns
Cap _ tain,

Al_lons!　à la monta _ _ _ gne!
Wohl_an!　auf in die Wäl _ _ _ der!
A_way!　Home to our mount _ _ ains!

tai _ ne, nous te sui_vons,　nous sommes prêts.　Al_lons!　à la monta _ _ gne!
Hauptmann, geh' uns vor_ an,　geh' uns vor_ an.　Wohl_an!　auf in die Wäl _ _ der!
thy or_ders we o_ bey,　we'll fol_low thee,　A_way!　Home to our mount _ _ ains!

Lelio.

(Long silence. – Sa furieuse exaltation semble se dissiper. Il quitte ses armes. L'attendrissement le gagne peu à peu. Il pleure à sanglots. Puis son émotion s'adoucit. Il rêve quelque temps, soupire, et enfin, essuyant ses larmes, il dit avec plus de calme:)

Comme mon esprit flotte incertain!.... De ce monde frénétique il passe maintenant aux rêves les plus enivrants. La douce espérance rayonnant sur mon front flétri, le force de se tourner encore vers les cieux.... Je me vois dans l'avenir, couronné par l'amour; la porte de l'enfer, repoussée par une main chérie, se referme; je respire plus librement; mon cœur, frémissant encore d'une angoisse mortelle, se dilate de bonheur; un ciel bleu se pare d'étoiles au-dessus de ma tête; une brise harmonieuse m'apporte de lointains accords, qui me semblent un écho de la voix adorée; des larmes de tendresse viennent enfin rafraîchir mes paupières brûlantes des pleurs de la rage et du désespoir. Je suis heureux, et mon ange sourit en admirant son ouvrage; son âme noble et pure scintille sous ses longs cils noirs modestement baissés; une de ses mains dans les miennes, je chante, et son autre main, errant sur les cordes de la harpe, accompagne languissamment mon hymne de bonheur.

(Il s'assied près de la table sur laquelle il s'accoude, plongé dans sa rêverie, pendant l'exécution du Chant de bonheur.)

Lelio.

(*Langes Schweigen. – Seine wilde Exaltation scheint zu weichen..... Er legt seine Waffen ab..... Rührung ergreift ihn allmählig. Er bricht schluchzend in Thränen aus. Dann mildert sich seine Bewegung. – Er träumt einige Zeit, er seufzt, – endlich, seine Thränen trocknend, ruft er gefasster aus:*)

Wie irrt mein Geist haltlos umher! Nach fieberhaft wirren Bildern schaut er nun entzückende Traumgestalten. Auf die gefurchte Stirn sinkt süsse Hoffnung hernieder und zwingt seinen Flug aufwärts zu den Sternen! – Ich sehe mich selbst in der Zukunft von Liebe gekrönt. Die Pforte der Hölle schliesst sich, zurückgestossen von einer geliebten Hand. Freier athme ich auf – zitternd noch eben von tödtlicher Angst öffnet sich mein Herz den Strahlen des Glücks. Der aufschauende Blick sieht den gestirnten blauen Aether. Harmonisches Säuseln des Windes trägt ferne Klänge zu mir herüber. Sie sind wie ein Echo jener angebeteten Stimme. Die vor Kurzem noch von Thränen der Verzweiflung und Wuth brennenden Augenlider kühlt jetzt erquickender Thau des Entzückens. Ich bin glücklich, lächelnd schaut mein Engel auf das von ihm vollbrachte Werk. Durch die bescheiden niedergesenkten Wimpern schimmert der Glanz ihrer edlen reinen Seele. Ihre eine Hand ruht in der meinen; ich singe, und ihre andre Hand irrt über die Saiten der Harfe und begleitet mit leisen Accorden den Hymnus meines Glücks.

(*Er setzt sich während des folgenden Gesanges an den Tisch, stützt den Kopf auf den Arm und bleibt so in Traum versunken.*)

Lelio.

(Long silence..... His wild exaltation seems to abate.... and gradually to give way to deep emotion..... He lays down his weapons.... overpowered by his feelings, he sobs and bursts into tears..... His emotion then grows less intense.... he becomes calmer..... He dreams a short time.... sighs.... dries his tears,.... and says in a calmer tone:)

How my spirit wanders irresolute. Turning from this world of madness, it gazes upon dream-visions that ravish the senses. Sweet Hope, hovering o'er me, smoothes the furrowed brow of care, and pointing to the star-lit heavens, bids my spirit follow its flight..... I behold myself as in the future – crowned by Love. The gates of Hell are closed, forced back, on their ponderous hinges, by a loving, beloved hand. I breathe freely once more; my heart, – still atremble with deadly fear and anguish, – dilating, lets in the bright, warm beams of joy and happiness, and, upward gazing, my tear-worn eyes behold the blue of heaven. Melodious zephyrs waft to me the sound of chords struck to strains of distant music, like the echo of a voice I love. Refreshing dew of delight falls upon mine eye-lids, which but a moment ago burned with the tears of despair and rage..... Happiness is mine,.... and, with a smile of heavenly delight, mine Angel looks down upon her work. The glory of her pure and noble soul scintillates beneath the long lashes half-closed with modesty. Her hand rests in mine;.... I sing, and her other hand sweeps the strings of her harp, stirring them to an accompaniment of my Song of Bliss.

(While the following song is being sung, he sits down near the table, rests his head upon his arm, and thus remains, lost in dreams.)

IV.
Chant de Bonheur.
Gesang des Glückes.   Song of Bliss.

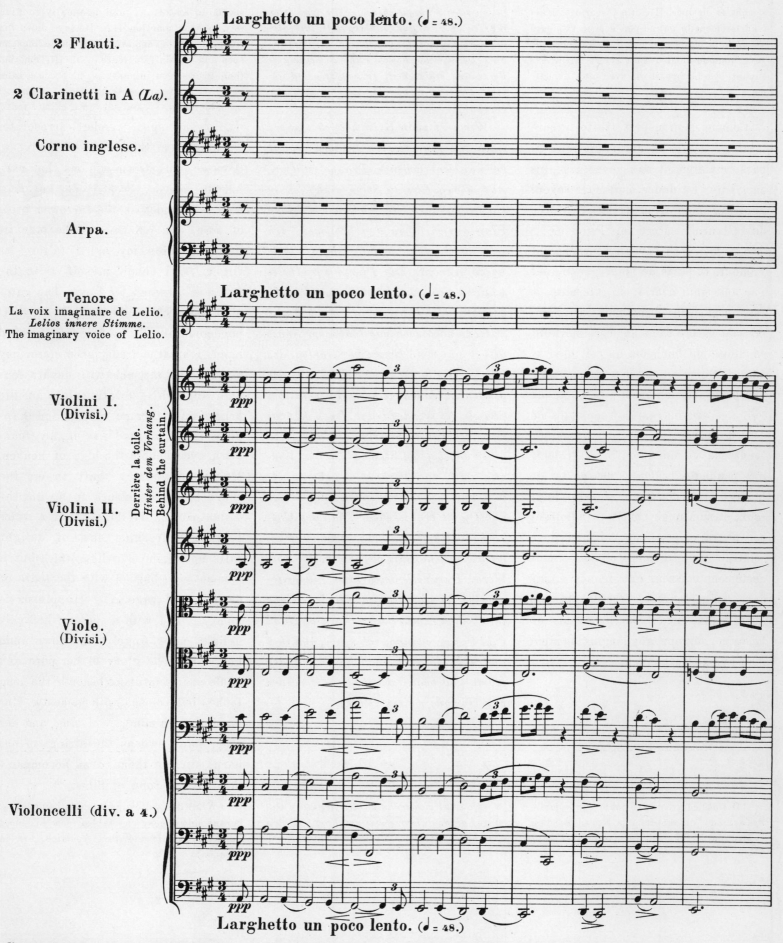

Il vaut mieux pour ce morceau avoir un autre ténor que celui qui a chanté la Ballade, Lelio étant censé entendre sa propre voix.

Es ist besser, für dieses Stück einen anderen Tenor zu nehmen, als jenen, der die Ballade gesungen hat, da Lelio seine eigene Stimme zu hören glaubt.

It is preferable that another tenor than the one that sang the ballad, should sing this piece, as Lelio is supposed to be listening to his own voice.

à voix éteinte.
mit gedämpfter Stimme.
with a subdued voice.

cresc. -

Ô mon bon heur, ma vi _ e, Mon
O du, mein Glück, mein Le _ ben, o
Oh thou, my joy in ang _ uish, oh,

cieux me sont ___ ou _ verts!
Himmel hell ___ mir zu!
love, oh come ___ to my call!

L'i _ vres_se de l'a_
Im Lie_besrausch zu
Hot passion's burn_ing

Lelio.

(Toujours assis près de la table. Sa sombre tristesse semble le reprendre.)

Oh! que ne puis-je la trouver, cette Juliette, cette Ophélie, que mon cœur appelle! Que ne puis-je m'enivrer de cette joie mêlée de tristesse que donne le véritable amour, et, un soir d'automne, bercé avec elle par le vent du nord sur quelque bruyère sauvage, m'endormir enfin dans ses bras d'un mélancolique et dernier sommeil!.... L'ami témoin de nos jours fortunés creuserait lui-même notre tombe au pied d'un chêne, suspendrait à ses rameaux la harpe orpheline, qui, doucement caressée par le sombre feuillage, exhalerait encore un reste d'harmonie. Le souvenir de mon dernier chant de bonheur se mêlant à ce concert funèbre ferait couler ses larmes, et il sentirait dans ses veines un frisson inconnu, en songeant au temps.... à l'espace.... à l'amour.... à l'oubli.....

(Il écoute d'un air profondément mélancolique le morceau suivant.)

Lelio.

(Immer noch am Tische sitzend, während dumpfe Traurigkeit ihn wieder zu überwältigen scheint.)

O, warum ist es mir versagt, eine Julie, eine Ophelia zu finden, wie sie mein Herz herbei sehnt. Warum darf ich nicht an dem Becher wonnigen Leidens die Lippen netzen, den uns wahre Liebe kredenzt? Warum nicht in ihren Armen auf der Haide, vom Nordwind eines Herbstabends gewiegt, die Augen zum letzten, tiefsten Schlummer schliessen? Dann möchte wohl ein Freund, der unsres Glückes Zeuge war, uns mit eigenen Händen ein Grab am Fuss einer alten Eiche bereiten, und in ihre Zweige die verwaiste Harfe hängen, die dann, von den zitternden Blättern gestreift, noch einen Rest Harmonie aushauchen würde in die Lüfte. Und zu diesem Grabgesang würde sich in seinem Herzen die Erinnerung gesellen an die Hymne meines Glückes, dass er weinend und mit seltsamem Schauer träumen müsste von Zeit – und Raum – vom Lieben – und vom Vergessen – –

(Er lauscht mit dem Ausdruck tiefster Schwermuth dem folgenden Stück.)

Lelio.

(Still seated near the table; deep sadness seems to be coming over him once more.)

Oh, why cannot I find that Juliet, that Ophelia, for whom my heart is pining! Why may not also I drink from the cup of sad sweet sorrow which Love offers us first touched by her lips! Why not, on some autumn evening, cradled in her arms and fanned by the north wind sweeping the heath, close my eyes in the last deep sleep!.... Then, some friend, silent witness of our happy days of love, would with his own hands, dig us a grave at the foot of an aged oak,.. and hang upon its stretching boughs the orphaned harp, whose strings, carressed by the wind stirring the trembling leaves, would breathe its last faint harmonies unto the sighing air. Then sitting down beside our grave, that friend would recall my last song, which mingling with this funereal strain, would bring the tear of compassion to his eye, and with a shudder, he would dream of time and space,.... of love .... and.... oblivion. ....

(He listens with an expression of deep melancholy to the following piece.)

V.

La Harpe Eolienne.- Souvenirs.
Die Aeolsharfe.- Erinnerungen.
Aeolian Harp.- Recollections.

Lelio (se levant).

(Avec une certaine animation.) Mais pourquoi m'abandonner à ces dangereuses illusions? Ah! ce n'est pas ainsi que je puis me réconcilier avec la vie.... La mort ne veut pas de moi.... je me suis jeté dans ses bras, elle m'en repousse avec indifférence.

Vivons donc, et que l'art sublime auquel je dois les rares éclairs de bonheur qui ont brillé sur ma sombre existence, me console et me guide dans le triste désert qui me reste à parcourir! O musique! maîtresse fidèle et pure, respectée autant qu'adorée, ton ami, ton amant t'appelle à son secours! Viens, viens, déploie tous tes charmes, enivre-moi, environne-moi de tous tes prestiges, sois touchante, fière, simple, parée, riche, belle! Viens, viens, je m'abandonne à toi.

Pourquoi réfléchir?.... je n'ai pas de plus mortelle ennemie que la réflexion, il faut l'éloigner de moi. De l'action, de l'action, et elle va fuir. Ecrivons, ne fût-ce que pour moi seul.... Choisissons un sujet original d'où les couleurs sombres soient exclues....J'y pense, cette Fantaisie sur le drame de la Tempête, dont le plan est déjà esquissé.... je puis l'achever. Oui, un magicien qui trouble et apaise à son gré les éléments, de gracieux Esprits qui lui obéissent, une vierge timide, un jeune homme passionné, un sauvage stupide, tant de scènes variées terminées par le plus brillant dénouement, arrêtent ma pensée sur de plus riants tableaux. Des chœurs d'Esprits de l'Air capricieusement jetés au travers de l'orchestre adresseront, dans une langue sonore et harmonieuse, tantôt des accents pleins de douceur à la belle Miranda, tantôt des paroles menaçantes au grossier Caliban; et je veux que la voix de ces Sylphes soit soutenue d'un léger nuage d'harmonie, que brillantera le frémissement de leurs ailes. Justement voici l'heure où mes nombreux élèves se rassemblent; confions leur l'exécution de mon esquisse! L'ardeur de ce jeune orchestre me rendra peut-être la mienne; je pourrai reprendre et achever mon travail. Allons! que les Esprits chantent et folâtrent! que la tempête gronde, éclate et tonne! que FERDINAND soupire! que MIRANDA sourie tendrement! que le monstrueux CALIBAN danse et mugisse! que PROSPERO commande en menaçant, et (avec

Lelio (sich erhebend).

(Mit einer gewissen Lebhaftigkeit.) Doch warum gebe ich mich diesen Täuschungen hin! Sie können nicht die rechte Versöhnung mit dem Leben herbeiführen. Der Tod will mich nicht.... ich warf mich glühend an seine Brust, aber gleichgültig stiess er mich von sich.

So will ich denn leben und möge die erhabene Kunst, welcher ich die wenigen Lichtblicke verdanke, die mein dunkles Leben erhellten, mich trösten und mir Leiterin sein durch die Einöde, die ich zu durchwandeln habe. O Musik, treue und reine, verehrte und angebetete Herrin, dein Freund, dein Geliebter fleht dich um Hülfe an. Komm, o komm! entfalte alle deine Reize, berausche mich, umfange mich mit all' deinem Zauber; ergreife mich, sei rührend, einfach, stolz, geschmückt, reich, edel und schön! Komm' o komm, dir gehöre ich ganz!

Warum noch überlegen? Fort, weit fort mit der Ueberlegung – sie ist meine tödtlichste Feindin. Sie fliehe vor entschiedenem, thatkräftigem Handeln. Componiren will ich, wär's auch nur für mich – und zwar einen Stoff, der alle düsteren Färbungen ausschliesst. Lass doch sehen.... Ja – die Phantasie über Shakespeares Sturm, die ich bereits entwarf – muthig an die Vollendung! Ja, ein Zauberer, der nach seinem Behagen willkührlich die Elemente aufstört und wieder beruhigt; anmuthige Genien, seine Diener, eine zagende Jungfrau, ein ungestüm brausender Jüngling, ein ungeschlachter, struppiger Höhlenbewohner, und zu all' diesen wechselnden Gruppen die glänzendste Entwicklung – das fesselt meine Gedanken an die lachendsten Bilder. Die Chöre der Luftgeister, von den Wogen des Orchesters launisch geschaukelt, sollen bald die lieblichsten Klänge in wohlklingend harmonischer Sprache an Miranda richten, bald den täppischen Caliban mit drohenden, höhnischen Worten anfahren. Die Stimme meiner Sylphen soll auf einem leichten Gewölk von Harmonie sich wiegen, das ihre flatternden Flügel beglänzt. Grade jetzt versammeln sich meine zahlreichen Schüler; ihnen sei die Ausführung meiner Skizze anvertraut. Die Gluth dieses jungen Orchesters wird vielleicht meinem erkalteten Herzen wieder Wärme verleihen, auf dass ich meine Arbeit auf's Neue beginne und vollende. Vorwärts denn! Die Genien sollen singen und sich lustig in den Lüften tummeln, der Sturm grollen und aufbrausend tosen

Lelio (rising).

(Somewhat animated.) But why abandon myself to these dangerous illusions?.... They can never reconcile me to life.... Death wants me not.... discards me; though with pleading heart and lips I threw myself into his arms, he repulsed me with indifference.....

And so, I am resolved to live; and sublime art, to which I owe those rare bright moments of happiness that lighted up my sombre existence, shall console me, and shall be my companion and guide through the dreary desert o'er which I am destined to wander. Oh, Music, Mistress so pure, so true, so faithful, alike esteemed and adored, thy friend, thy lover calls thee to his aid. Come, oh come!.... reveal thy glorious charms, inebriate me, encircle me with thy magic, seize on my spirit; come forth in thy pride, in thy simplicity, adorned in thy richness of beauty and love;.... come!.... come!.... to thee I render up my heart and soul.

Why hesitate, reflecting?.... Away with reflection,.... my most deadly enemy; at the sight of action it will take to flight. I'll sit me down to earnest work,.... compose....even if only for myself.... I'll choose an original subject, excluding all sombre tints and dark colourings and hues..... Let me see!.... I have it....yes that's it!.... a fantasia on Shakespeare's Tempest.... I have already sketched it.... now to work.... and finish it!....There's a magician, who has it in his power to stir up the elements to rage and roar, and to becalm them again at his will; friendly spirits that obey him,....a timid maiden,.... a passionate youth,....a blundering, monstrous savage,.... and all these varied scenes brought to a climax by a brilliant solution,– my thoughts thus occupied and arrested by the most laughable pictures. Whole choruses of airy spirits flung capriciously athwart the orchestra, speaking to fair Miranda in melodic, harmonious strains, the sweetest language fraught with poetry, then casting threats in boisterous accents at the awkward brute Caliban. And the voices of my sylphs shall be carried on light clouds of harmony, aglow and brilliant with the magic splendour of their dazzling wings.....

At this very moment my numerous pupils must be assembling; they shall be entrusted with the execution of my plan. The ardour of this young orchestra

un accent religieux) que SHAKESPEARE me protège! (Il sort, la toile se lève.)

und donnern – FERNANDO seufze, MI-RANDA lächle, es tanze und brülle der ungeheuerliche CALIBAN, drohend er-theile der mächtige PROSPERO seine Befehle, und (mit begeistertem Ausdruck) sei du mein Hort, SHAKESPEARE!

is sure to set my chilled heart aglow, and inspire me to again take up my work and finish it. To work then! And let the spirits sing, frolic and tumble in mid-air; let the tempest rise and roar, the lightnings flash, the thunders roll! – FERNANDO shall sigh, and MIRANDA smile sweetly! Brute CA-LIBAN shall dance and bellow, and mighty PROSPERO shall command in threats, and (with a devout expression in his voice) now, oh great SHAKESPEARE be thou my stay! –

(Au lever de la toile, les Musiciens sont déjà sur leur estrade; mais le Chœur s'avance un peu sur le plancher établi au-dessus de l'endroit qu'occupe ordinairement l'orchestre pour les représentations dramatiques. Les Choristes se rangent à droite et à gauche, debout, leur musique à la main. Lelio entre alors et dit:)

(Er geht ab. Der Vorhang erhebt sich. Man sieht die Musiker bereits auf ihrem Gerüst, der Chor aber tritt etwas in den Vordergrund auf den Bretterverschlag, welcher den gewöhnlichen Orchesterraum bedeckt. Die Choristen stellen sich; ihre Hefte in der Hand rechts und links auf; dann tritt Lelio ein.)

(He goes.–The curtain rises, showing the musicians already on their raised platform; the chorus advancing somewhat towards the foreground on the flooring that covers the space ordinarily occupied by the orchestra. The choristers arrange themselves to the right and to the left, and then remain standing, their music in their hands. Then Lelio enters, saying:)

Laissez la place pour le piano! Ici! ici!.... vous ne comprenez donc pas qu'ainsi tournés les pianistes ne verront pas le chef d'orchestre!.... Encore plus à droite... bien. (A l'Orchestre.) Nous allons essayer ma Fantaisie sur la Tempête de Shakespeare. Regardez le plus souvent possible les mouvements de votre chef! c'est le seul moyen d'obtenir cet ensemble nerveux, carré, compact, si rare même dans les meilleurs orchestres. (Au Chœur.) Les chanteurs ne doivent pas tenir leur cahier de musique devant leur visage; ne voyez-vous pas que la transmission de la voix est ainsi plus ou moins interceptée?.... N'exagérez pas les nuances! ne confondez pas le *mezzo-forte* avec le *fortissimo!* Pour le style mélodique et l'expression, je n'ai rien à vous dire; mes avis seraient inutiles à ceux qui en ont le sentiment, plus inutiles encore à ceux qui ne l'ont pas.... Encore un mot: Vous, Messieurs, qui occupez les derniers gradins de l'estrade, tenez-vous en garde contre votre tendance à retarder! votre éloignement du chef rend cette tendance encore plus dangereuse. Les quatre premiers Violons et les quatre seconds Violons Soli ont des sourdines?... Bien, tout est en ordre.... Commencez!

Lasst etwas Raum für den Flügel – Hier, hier – Seht Ihr denn nicht, dass in dieser Stellung die Pianisten unmöglich den Dirigenten erblicken können. Noch etwas mehr nach rechts – So! (zum Orchester) Wir wollen meine Fantasie über Shakespeares Sturm probiren. Seht so viel wie möglich nach dem Takt eures Dirigenten. Das ist das einzige Mittel um ein nerviges, gedrungenes, compactes Ensemble zu erzielen, welches selbst in den besten Orchestern so selten ist. (zum Chor) Dass die Sänger ihre Notenhefte nicht vor den Mund halten – dabei kann der Schall sich unmöglich vollständig frei entwickeln. Uebertreiben Sie die Nuancirungen nicht und verwechseln Sie nicht das mezzo-forte *mit dem* fortissimo. *Ueber melodischen Styl und Ausdruck sage ich Ihnen nichts. Wer das richtige Gefühl dafür hat, für den wären alle Ermahnungen überflüssig und noch weit überflüssiger für den, der es nicht hat. Und noch eines: Ihr Herren, die Ihr die obersten Stufen des Gerüstes einnehmt, hütet Euch, Eurem Hang zum Schleppen und Ritardiren nachzugeben, Eure Entfernung vom Dirigenten macht diesen Hang noch gefährlicher. Haben die vier ersten und vier zweiten Solo-Violinen Sordinen?... Gut! Dann ist alles in Ordnung. Fangen wir an!*

Leave room for the piano! – Here, this way! Do you not see that with it in such a position, the pianists will not be able to see the conductor! – Still more to the right..... There! – that will do! – (To the orchestra:) We are going to try my fantasia on Shakespeare's Tempest. Watch and follow the beat of your conductor as closely as possible. That is the only way to obtain a perfect, harmonious and concerted ensemble-playing, broad, nervy and full of pith, qualities rarely found even in the best orchestras we have. (To the Chorus:) The singers must be careful not to hold their music right in front of their faces, as the sound of the voice cannot then travel nor expand freely. Do not exaggerate the expression-marks, nor mistake *mezzo-forte* for *fortissimo.* I will not dwell upon melodic style and expression; any such remarks are superfluous for those gifted with musical feeling, and would be lost upon those lacking that gift. One word more: The gentlemen occupying the last rows of the plat-form will carefully guard against any tendency to drag or retard, a tendency enhanced by your being so far away from the conductor. I suppose the four first and the four second solo-violinists have got their mutes with them? – That's right! All is in order. Then let us commence! –

VI.
Fantaisie sur la Tempête de Shakespeare.
Fantasie über Shakespeares „Sturm". Fantasia on Shakespeare's "Tempest".

Pour Chœur, Orchestre et Piano à quatre Mains.
Für Chor, Orchester und Klavier zu 4 Händen.
For Chorus, Orchestra and Piano for 4 hands.

Andante non troppo lento. ($\quad$ = 69.)

Andante non troppo lento. ($\quad$ = 69.)

poco rit. -

Tempo I. senza rallentare.

Allegro assai. ($\quad$=96.), **ma primo poco ritenuto.**

Allegro assai. ($\quad$=96.), **ma primo poco ritenuto.**

muta **C** (*Ut*) in **D** (*Ré*)

Poco a poco animato sin al ♩ = 132.

Poco a poco animato sin al ♩ = 132.

110

28

par _ ti,   o _____ Mi _ ran _ da,   o _____ Mi ran _ da,   no! _____ ti

par _ ti,   o _____ Mi _ ran _____ da,   no! _____ ti

par _ ti,   o _____ Mi _ ran _ da,   o _____ Mi ran _ da,   no! _____ ti

par _ ti,   o _____ Mi _ ran _____ da,   no! _____ ti

animato

animato

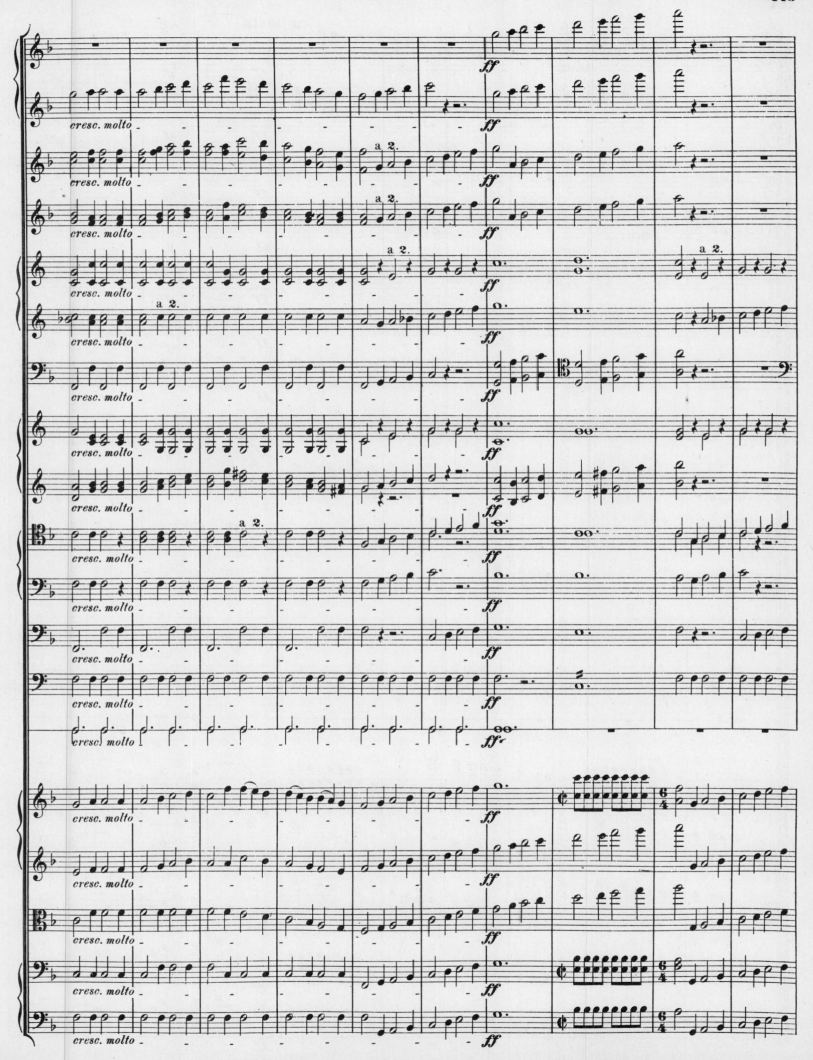

Lelio.

Assez pour aujourd'hui! Votre exécution est remarquable par la précision, l'ensemble, la chaleur; vous avez même reproduit plusieurs nuances fort délicates. Vos progrès sont manifestes; je vois que vous pouvez aborder maintenant des compositions d'un ordre beaucoup plus élevé que cette faible esquisse. Adieu, mes amis! je suis souffrant; laissez-moi seul!

(Une partie de l'Orchestre et tout le Chœur sortent. Quand le devant de la scène est dégagé, la toile se baisse de nouveau. Mais LELIO doit se retrouver isolé sur l'avant-scène. Après un instant de silence, l'Orchestre idéal fait entendre derrière la toile l'Idée fixe de la Symphonie fantastique. LELIO s'arrête, comme frappé au cœur d'un coup douloureux, écoute, et dit:)

Lelio.

Genug für heute. Eure Ausführung zeichnet sich durch Feuer, Präcision und Zusammenspiel aus. Selbst einige sehr zarte Nuancen sind vortrefflich zur Geltung gekommen. Eure Fortschritte sind unverkennbar; ich sehe, Ihr werdet von nun an viel gewichtigeren Compositionen als dieser flüchtigen Skizze gewachsen sein. Auf Wiedersehen also, meine Freunde; ich bin sehr angegriffen – lasst mich allein!

(Ein Theil des Orchesters und der ganze Chor entfernt sich. Sobald das Proscenium frei ist, fällt der Vorhang wieder. LELIO bleibt allein im Vordergrund zurück. Nach einem kurzen Schweigen lässt das ideale Orchester hinter dem Vorhange das Leitmotiv der fantastischen Sinfonie hören. LELIO horcht auf, wie von einem schmerzlichen Gefühl ergriffen und spricht:)

Lelio.

That will do for to-day. Your playing is remarkable for its precision, expression and the manner in which you all play together; even some of the most delicate shadings were rendered musicianly. You have indeed made progress, so much so that we may henceforth attempt works of greater depth than this feeble sketch. But now good bye, friends, I am exhausted; leave me alone.

(Part of the orchestra and all the chorus leave the stage. So soon as the proscenium is vacated, the curtain falls again. LELIO alone remains in the foreground. After a short silence, the imaginary orchestra plays the leading motive of the fantastic symphony. LELIO starts up, his expression being one of great mental suffering, — he listens, and murmurs:)

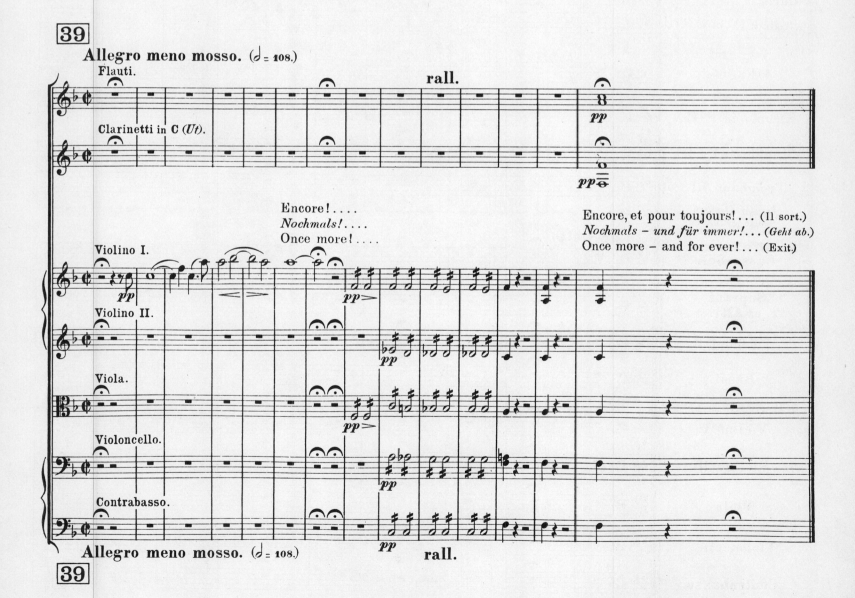

Der fünfte Mai.

Gesang auf den Tod des Kaisers Napoleon.

Deutscher Text revidirt von Felix Weingartner.

Le Cinq Mai.

Chant sur la mort de l'Empereur Napoléon.

Poème de P. de Béranger.

The fifth of May.

Song on the death of the Emperor Napoléon.

English Translation by Percy Pinkerton.

Horace Vernet gewidmet.

H. Berlioz, Op. 6.
Componirt 1832.

tris-tement j'er_rais.
trauernd ich ver_blieb.
a_lien shores to pine;

Hum__ble dé_bris
Als traur'_gen Rest
Em__pire and home

d'un hé_ro_ï_que em__pi__re,
glor_rei_chen Kai_ser__re__ches
lay like a wreck be__hind__me,

J'a_vais dans
mein har_tes
No ray of

l'In _ _ de e _ xi _ lé mes re _ grets.
Loos_____ mich nach In _ _ dien ver _ trieb.
Hope_____ on my path _ _way to shine.

Mais loin du Cap, a _ près cinq ans d'ab _ sen _ ce,
Doch fern vom Cap, nach fünf ent _ floh' _ nen Jah_ _ ren,
Five lone _ ly years in dur _ ance vile I lan_ _guish'd;

Sous le so_leil je vo_gue plus jo_yeux.
schiff' ich zu_rück in mil_d'rer See_ _ len_ruh.
Now dawns at last the day of my re_lease;

2 poco meno mosso

III.

pochissimo cresc.

II.

poco meno mosso
espressivo

pochissimo cresc.

Pau_vre sol_dat, je re_ver_rai la Fran_ce; La main d'un fils me fer_me_ra les
Ar_mer Sol_dat, mein Frankreich seh' ich wie_der und Soh_nes Hand drückt mir die Au_gen
Home to thy France, poor sol_dier, thou'rt re_turn_ing Where lov_ing son shall close thine eyes in

pochissimo cresc.

pochissimo cresc.

arco

pochissimo cresc.

arco

pochissimo cresc.

2 poco meno mosso

senza accelerando

senza accelerando

senza accelerando

lote a cri- é: Sainte Hé_ lè _ ne!
ruft es vom Mast: Sankt He_le_na!
pi_ lot who calls: "St He _ le _ na!"

Et   voi_ là donc   où lan_guit le hé_

Hier   al_ so schmach_tet der treff_li_che

Say   is   it here   lies the her_o in

ros?...
Held?...
thrall?

Bons   Es _ pa_gnols,   là

Fremd _ lin _ ge ja,   hier

Brave   sons   of Spain!   no

dolce espressivo e cresc. poco a poco

*) Wird dieses Stück in deutscher Sprache aufgeführt, so blasen die Hörner, dem Text des Gesanges entsprechend, nur ein Achtel als Auftakt. Anm. der Herausgeber.
Si l'ouvrage est chanté en allemand, il faut modifier la partie des Cors qui doit répondre comme un écho à la partie vocale, et reacjuter ainsi qu'une croche
au lieu de deux.   Note des éditeurs.
If the work be sung in German, the part of the horns, which echoes the voice part, must be modified by the substitution of one quaver in place of two.

fi - nit vo - tre hai - ne; Nous mau - dis - sons ses fers et ses bourreaux,
en - det eu - er Has - sen. Ihr flucht auf den, der ihn ge - fan - gen hält!
long - er can ye hate me, May Heav - en's curse u - pon his capt - ors fall!

Nous mau - dis - sons ses fers' et ses bourreaux. Je ne puis rien pour sa dé - li -
Fremd - lin - ge, ja auch ihr flu - chet mit mir! Ich kann nichts thun, um ihn zu be -
Curse them with us a - gain! Aye! curse them all! Would that my sword might a - vail to

vran _ ce; Le temps n'est plus des tré_pas glo_ri_eux.
frei _ en, die Zeit ge _ bie_ tet den Waf_ fen nun Ruh.
save him! That from his foes I could win him re_lease!

Pau _ vre sol _ dat, je re _ ver _ rai la Fran _ _ ce; La
Ar _ mer Sol _ dat, mein Frank_reich seh' ich wie _ _ der und
Home to my France, poor sol _ dier, I'm re _ turn_ _ ing, Where

riten. Poco meno mosso.

Tempo I.
Allegro un poco più animato.

Tempo I.
Allegro un poco più animato.

yeux.
zu.
peace!

Tempo I.
Allegro un poco più animato.

Fag. I. II. a 2.
mf
colle voci ben legato

Fag. III. IV.

Coro. Bassi.

Il __ fa - ti - guait la vic __ toi __ re à __ le sui __ vre;
Gar __ bald er mü __ det vor ihm die Sie __ ges __ göt __ tin!
Swift __ sped his feet __ o'er the path that leads to glor __ y;

mf colle voci ben legato

Elle __ é - tait las __ se, il ne l'at - ten - dit pas; Tra -
Er __ zog vor __ an, sie blieb er schöpft zu - rück, ver -
Fame's god - dess flagg'd, ex - haust - ed in __ the race, Though

tout lau_rier un poi_son est l'es _ sen _ ce; La mort cou _ ron _ ne un
auch das Gift ist im Lor_beer ver _ bor _ gen. Herr _ lich _ ste Sie _ ger im
ven _ om lurks in the con_que_ror's laur_els; Death's ic _ y fing _ er plucks

tout lau_rier un poi_son est l'es _ sen _ ce; La mort cou _ ron _ ne un
auch das Gift ist im Lor_beer ver _ bor _ gen. Herr _ lich _ ste Sie _ ger im
ven _ om lurks in the con_que_ror's laur_els; Death's ic _ y fing _ er plucks

Poco meno mosso.

front vic_to_ri_eux. Pau _ vre sol _ dat, je re_ver_rai la
Tod fin_den erst Ruh. Ar _ mer Sol _ dat, mein Frankreich seh' ich
off his crown of bays. Home to my France be_hold me now re_

front vic_to_ri_eux.
Tod fin_den erst Ruh.
off his crown of bays.

Poco meno mosso.

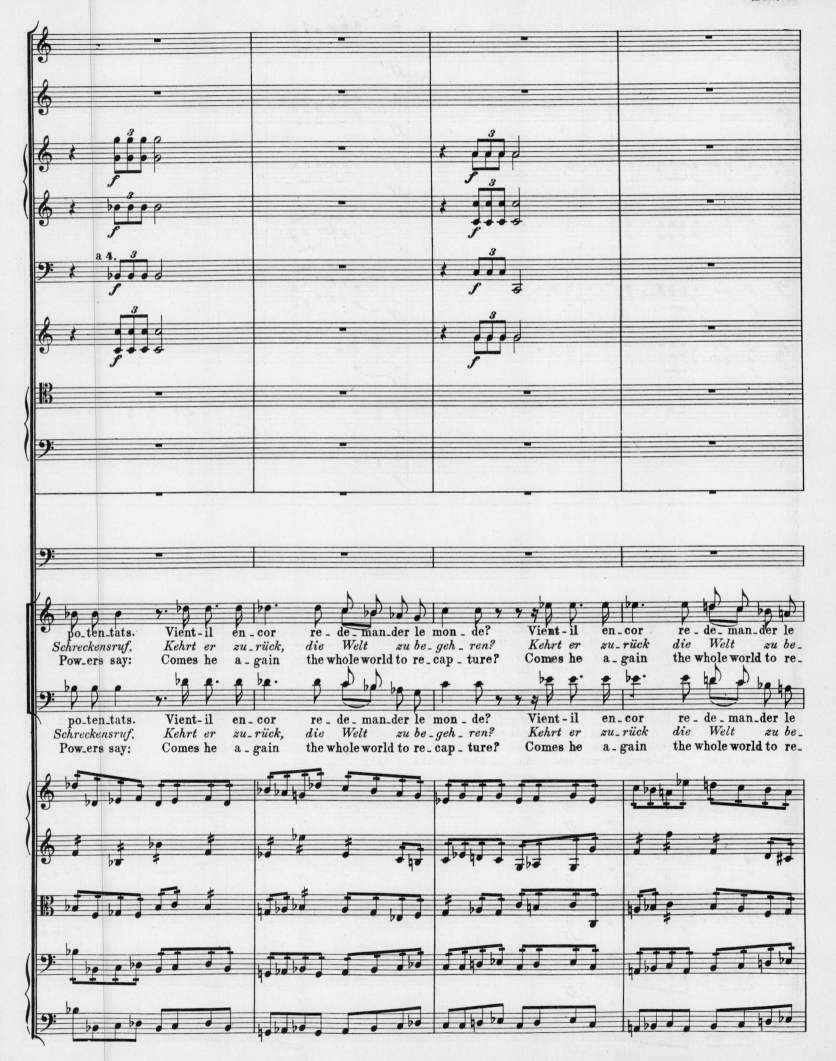

poco meno mosso   poco a poco ritenuto

con sordini

con sordini

a 2.

poco meno mosso   *mf*   poco a poco ritenuto

Et   lui peut - ê - tre, "ac - ca - blé de souffran - ce,
Doch   er viel - leicht, ge - beugt von bitt' - ren Schmerzen,
Yet   he, per - chance, with suff'ring bow'd and brok - en,

poco meno mosso   poco a poco ritenuto

10

Poco meno mosso.

en adoucissant la voix
mit gedämpfter Stimme
in gentler tones

A la pa-trie_ a _ dres-se ses a _ dieux.
bringt sei_nen Ab_ schied dem Va_ter_lan_de dar.
Turns to his coun-try, to bid one last fare-well!

Mais que vois-je au ri_va_ge?...
Doch was weht dort am U_fer?
Ha! what flag waveth yonder?

Poco meno mosso.

Poco meno mosso.

10

p (Coups de canon lointains.)
(Ferne Kanonenschläge.)
(Sound of guns in the distance.)

va _ ge!   Au _ tour de moi,   au _ tour de moi pleu _ rent ses en _ ne _ mis.
En _ de!   *Rings um mich her,*   *rings um mich her*   *weint selbst der Fein _ de Schaar!*
con _ quer'd!   And all a _ round   Be _ hold his foes, all mourning for him stand!

va _ ge!
En _ de!
con _ quer'd!

C.B. I.

C.B. II.

*) Cet «Ah!» doit être soupiré plutôt que chanté et aussi doux que possible. (Note de H. Berlioz.)
  Dieses Ach! mehr geseufzt wie gesungen und so zart als möglich. (Anmerkung von H. Berlioz.)
  This "Ah" must be more sighed than sung and as softly as possible. (Note by H. Berlioz.)

Kaiserhymne.
Für 2 Chöre.
Gedicht von Hauptmann Lafont. Deutsche Übertragung von Emma Klingenfeld.

L'Impériale.   Imperial Hymn.
Cantate à deux Chœurs.   For 2 Choirs.
Poésie du Capitaine Lafont.   Words by Captain Lafont.
English Translation by Percy Pinkerton.

Seiner Majestät dem Kaiser der Franzosen, Napoleon III, gewidmet.

H. Berlioz, Op. 26.
Componirt 1855.

*) Dans le cas où l'on exécuterait cette Cantate avec un orchestre ordinaire, le 3e Trombone jouerait la partie gravée avec le Tuba.
Wird diese Cantate mit einem gewöhnlich besetzten Orchester aufgeführt, so spielt die 3. Posaune die tiefste Stimme mit der Tuba.
When this cantata is performed by an orchestra of the ordinary proportions the 3rd trombone plays the lowest part with the tuba.

**) Dans une petite salle, le premier chœur peut être exécuté par 4 voix seules.
In einem kleinen Saale kann der erste Chor von 4 Solostimmen gesungen werden.
In a small hall the first Chorus may be restricted to 4 solo-voices.

***) Le 2e chœur beaucoup plus nombreux que le premier.
Der 2. Chor weit zahlreicher als der erste.
The 2nd Chorus must be far more numerous than the first one.

(Notes de H. Berlioz.)
(*Anmerkungen von H. Berlioz.*)
(Notes by H. Berlioz.)

jour   qui vient de lui - re en - fin,   Ont an - non - cé   le
Tag,   *der leuch - tend sich er - hebt,*   *kün - det den stol - zen*
claim   from oc - ean un - to shore!   Loud - ly the news pro -

jour   qui vient de lui - re en - fin.   Em - por - tant l'o - ri -
Tag,   *der leuchtend sich er - hebt.*   *Und das Ban - - ner er -*
claim   from oc - ean un - to shore!   Now the flag of our

et ra_di_eux.
_undRuhmhin_an.
_ to vic_tor_y!

Du
Das
Through

Quand des ca_nons les voix re_ten_tis_san_ _ _ _tes
als das Ge_schütz weit _ hin mit lau _ tem Dröh _ _ nen,
Now let the guns with all their migh_ty voic _ _ es

Ont annon_cé le jour qui vient de lui_re en_fin,
kün _ det den stol _ zen Tag, der leuch_tend sich er_hebt,
Loud _ ly the news pro_claim from oc _ ean un _ to shore!

Ont an_non_cé le jour qui vient de lui_re en fin.
_kün __ det den stol __ _zen Tag,_ _der leuch_tend sich er _ hebt._
Loud _ ly the news pro_claim from oc_ean un _ to shore!

L'aigle aux ai_les de flam __ me Re_mon __ te dans les cieux, Em _ por_ tant l'o _ ri_
_Kühn das Banner er _ ho __ _ben nach Käm _ pfen und Ge_fahr, lenkt den Fit _ tich nach_
Now the warfare is end __ ed, The cru _ el strife shall cease; On the wings of the

raît   aux   cieux.
Lich_ _ _te   klar.
day   of   peace.

Un poco animato.

Un poco animato.

reur! Vi_ve l'Empereur! Vi_ve l'Empe _ reur!

Hand!schirme unsernHerrn!schirme un_ser Land!

High!Guard him oh mostHigh!Guard him oh most High!

reur! Vi_ve l'Empereur! Vi_ve l'Empe _ reur!

reur! Vi_ve l'Empereur! Vi_ve l'Empe _ reur!

Hand!schirme unsernHerrn!schirme un_ser Land!

High!Guard him oh mostHigh!Guard him oh most High!

reur! Vi_ve l'Empereur! Vi_ve l'Empe _ reur!

Un poco animato.

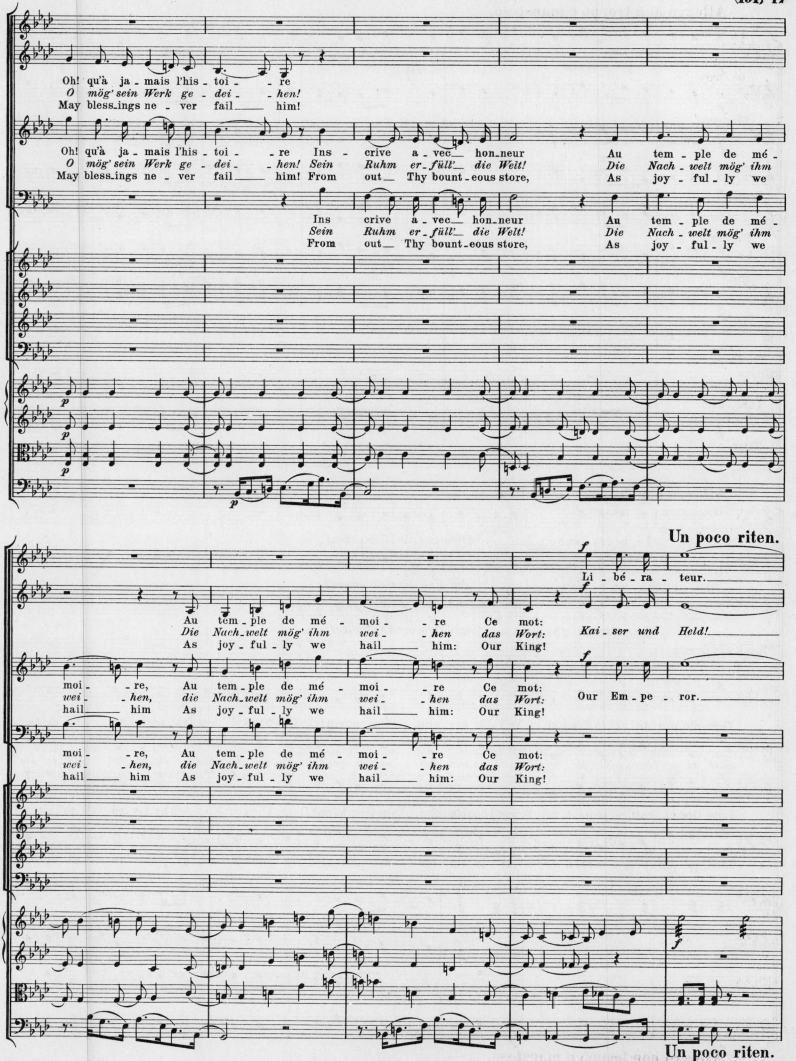

Oh! qu'à ja_mais l'his_toi_re
O mög' sein Werk ge_dei_hen!
May bless_ings ne_ver fail___ him!

Oh! qu'à ja_mais l'his_toi___re Ins_crive a_vec___ hon_neur Au tem_ple de mé_
O mög' sein Werk ge_dei___hen! Sein Ruhm er_füll'___ die Welt! Die Nach_welt mög' ihm
May bless_ings ne_ver fail___ him! From out___ Thy bount_eous store, As joy_ful_ly we

Ins_crive a_vec___ hon_neur Au tem_ple de mé_
Sein Ruhm er_füll'___ die Welt! Die Nach_welt mög' ihm
From out___ Thy bount_eous store, As joy_ful_ly we

Un poco riten.

Li_bé_ra_teur.___

Au tem_ple de mé_ moi___re Ce mot: Kai_ser und Held!___
Die Nach_welt mög' ihm wei___hen das Wort:
As joy_ful_ly we hail___ him: Our King!

moi___re, Au tem_ple de mé_ moi___re Ce mot: Our Em_pe_ror.___
wei___hen, die Nach_welt mög' ihm wei___hen das Wort:
hail___ him As joy_ful_ly we hail___ him: Our King!

moi___re, Au tem_ple de mé_ moi___re Ce mot:
wei___hen, die Nach_welt mög' ihm wei___hen das Wort:
hail___ him As joy_ful_ly we hail___ him: Our King!

Un poco riten.

Un poco animato.

Con fuoco.

Con fuoco.

le sur son Em — pe reur!
o schirm' das Kai — ser — ge schlecht!
and guide our gra — — cious King.

De son immortel le auré —
Ge — krönt mit dem Glo — ri — en
Like stars in the firm — ament

le sur son Em — pe reur!
le sur son Em — pe reur!
o schirm' das Kai — ser — ge schlecht!
and guide our gra — — cious King.
le sur son Em — pe reur!

Con fuoco.

Entrée d'un orchestre militaire (ad libitum) doublant tous les instruments à vent.
Hier kann ein Militairorchester eintreten, welches alle Blasinstrumente verdoppelt.
A military band may assist here, all the wind-instruments being doubled.

Un poco animato.

Un poco animato.

Il tempo è animato sin al ♩ = 66.

Il tempo è animato sin al ♩ = 66.

Il tempo è animato sin al ♩ = 66.

li comme au cri du des_tin, Quand des ca_nons les voix retentis_

schick, sie_ges_freu_dig durchbebt, als das Ge_schütz weit_hin mit lautem

fate, since the warfare is o'er; Now let the guns with all their mighty

li comme au cri du des_tin, Quand des ca_nons les voix retentis_

san_tes Ont annoncé le jour qui vient de lui_re en_fin, Ont annoncé le

Dröh_nen kün_det den stol_zen Tag, der leuchtend sich er_hebt, kün_det den stol_zen

voic_es Loud_ly the news pro_claim from oc_ean un_to shore! Loud_ly the news pro_

san_tes Ont annoncé le jour qui vient de lui_re en_fin, Ont annoncé le